Las hojas

escrito por Karen Hoenecke
ilustrado por Gary Black

KAEDEN ♥ BOOKS™

Las hojas cambian de color.

Las hojas se caen.

Algunas se van con el viento.

Algunas se quedan en la tierra.

Nosotros podemos rastrillar las hojas.

Nosotros podemos saltar en las hojas.

Nos divertimos con las hojas.